LOS SUPERHÉROES

están en todas partes

KAMALA HARRIS

Ilustraciones de Mechal Renee Roe
Traducción de Teresa Mlawer

PHILOMEL BOOKS

¡Más rápido que un cohete espacial! ¡Más fuerte que una ola gigantesca! ¡Más fiero que un león! Gracias a los superhéroes, el mundo es un lugar mejor, pase lo que pase.

Cuando hay un problema, los superhéroes siempre aparecen en el preciso momento. De pequeña, yo estaba segura de que los superhéroes estaban en todas partes, caminando entre nosotros, listos para ayudarnos en cualquier momento.

Me hice el firme propósito de encontrarlos, así que comencé la búsqueda en mi propio hogar.

Me encanta la Navidad. Aquí celebrándola con tres años.

Aquí estoy con mi abuelo materno cuando fui a visitar a mis abuelos que vivían en África.

Con mi papá cuando yo tenía nueve meses.

Esta soy yo con mi bisabuela.

Maya y yo durante un paseo con nuestra mamá en Madison, Wisconsin.

Con mi mamá a los dos meses de nacer.

Mis amigas y yo el día de nuestra graduación de la escuela de leyes.

Cuando tenía diez meses fui a Jamaica. Aquí estoy en brazos de mi abuelo paterno y con mi mamá.

Estaba muy contenta de tener una nueva hermanita. Aquí está ella con dos meses.

Con la señora Shelton en su cocina.

El día de mi graduación de abogada, con mi mamá, y la señora Wilson, mi maestra de primer grado.

¡No tardé mucho en encontrar uno! Me di cuenta de que mi mamá tenía un toque mágico. Sus abrazos me infundían calor, me hacían sentir segura, me daban fuerza. Como ella sabía que me gustaba la comida rica, me enseñó a cocinar sus recetas secretas; juntas preparábamos deliciosos y abundantes platos para nuestros amigos y familiares. ¡Incluso algunos los hacía yo sola!

«Verás, Kamala —decía mi mamá—, puedes hacer cualquier cosa si te esfuerzas y pones tu corazón en ello. Sea lo que sea».

Mi mamá era una superheroína porque me hacía sentir especial. Ella creía en mí, y eso me dio confianza para lograr cualquier cosa que me propusiera.

te hacen sentir especial.

¿Quién te hace sentir especial?

Los héroes son

Mi hermana Maya y yo hacíamos todo juntas: clases de *ballet*, lecciones de piano, montar en bicicleta y divertirnos con juegos de mesa. Sabía que si algún día la necesitaba, ella estaría ahí, la otra mitad de un dinámico dúo.

Si estábamos tristes, mamá nos hacía un «no-cumpleaños» para alegrarnos. Las dos comíamos el «no-*cake* de cumpleaños», abríamos «no-regalos» y bailábamos alrededor de la sala. Maya siempre a mi lado.

Mi hermana era una superheroína porque yo siempre podía contar con ella.

¿Con quién puedes contar tú?

personas con las que puedes contar.

¡¡NO-CUMPLEAÑOS!!

Los héroes te dan valor.

Continué buscando otros superhéroes entre mis familiares.

Mi papá quería que no le tuviera miedo a nada. Siempre que íbamos al parque, me soltaba de la mano y me decía: «¡Corre, Kamala, corre!». Y yo corría todo lo rápido que podía durante un buen rato.

Mi papá era un superhéroe porque me hacía sentir valiente.

¿Quién te hace sentir valiente?

Los héroes

Mi abuela era una de las personas
más inteligentes que he conocido.
Hacía uso de su inteligencia y de su voz
para denunciar el abuso que muchas
mujeres sufrían, y para enseñarles cómo
ser fuertes y mantenerse saludables.

defienden
lo que es justo.

Mi abuelo usaba su voz para que la India se convirtiera en un país libre.

Todos mis abuelos, en la India y en Jamaica, eran superhéroes por defender causas justas.

¿Hay alguien en tu vida que defiende causas justas?

Los buenos

Mis amigos y yo cuidábamos los unos de los otros. Cuando yo estaba en kindergarten, le dije a un niño que dejara de burlarse de una de mis mejores amigas, y en otra ocasión esa misma amiga me ayudó cuando me caí en el recreo. Todos queríamos sentirnos seguros en la escuela.

amigos son héroes.

Mis amigos eran superhéroes,
y entre todos velábamos por
nuestra seguridad.

¿Quiénes son tus mejores amigos?

¡Aprender es divertido!

Los maestros son héroes.

Yo adoraba a mi maestra de primer grado, la señora Wilson. Nos enseñó acerca de las plantas y de las flores, nos enseñó a cantar canciones de diferentes culturas del mundo y nos enseñó cómo los renacuajos se convertían en ranas.

Maestras como la señora Wilson son superheroínas porque nos enseñan acerca del mundo y nos animan a lograr nuestros sueños.

¿Quiénes son tus maestros preferidos?

Las personas

¡Busqué y encontré a una superheroína en mi misma cuadra!

La señora Shelton era amiga de nuestra familia, y fue como una segunda madre para mí.

bondadosas son héroes.

Ella nos cuidaba a Maya y a mí mientras mamá trabajaba. Devorábamos sus panecillos caseros, su tarta de melocotón y el delicioso gumbo que hacía para las ocasiones especiales. También nos encantaba meternos todos en su auto los domingos para ir a la iglesia.

La señora Shelton trataba a todo el mundo con afecto y respeto.

Por su bondad ella era una superheroína para mí.

¿Quién es bondadoso contigo?

Los héroes
exploran contigo.

Tía Lenore y yo perseguíamos luciérnagas y las guardábamos en frascos de cristal. Tío Sherman me enseñó a jugar al ajedrez. Tía Mary y yo leíamos muchos libros juntas. Tío Freddy me llevaba a visitar museos donde veíamos impresionantes obras de arte.

Mis tías y tíos —los amigos de mi mamá que eran parte de nuestra familia— me ayudaron a explorar mi mundo, y por eso eran superhéroes.

¿Hay alguien que te ayuda a explorar?

HOWARD University

A medida que fui creciendo, no dejé de buscar otros superhéroes.

Cuando llegó la hora de ir a la universidad, estaba muy ilusionada por estudiar en la Universidad de Howard. Aunque mi abuela no había tenido la oportunidad de ir a la universidad, ella alentó a sus hijos —mi mamá, mis tías y mi tío— para que se esforzaran estudiando, y así lo hicieron. Mi mamá se hizo científica, mi tío Balu es matemático, tía Sarala es doctora y mi tía Chinni trabaja con computadoras.

Ellos son superhéroes porque me enseñaron que con esfuerzo y trabajo yo podía ser lo que quisiera cuando fuera mayor.

Los héroes trabajan duro.

¿Conoces a alguien que se esfuerza y trabaja duro?

Los héroes protegen a la gente.

Cuando terminé la universidad, quise continuar la carrera y ser abogada igual que algunas de las personas que yo admiraba, como Thurgood Marshall, Constance Baker Motley y Charles Hamilton Houston. Ellos sabían que no siempre las personas eran tratadas con igualdad, y lucharon en los tribunales por lograr ese derecho. Como ellos, yo quería asegurarme de que la ley protegiera a todos por igual.

Esos abogados fueron superhéroes porque lucharon para proteger a las personas usando el poder de la palabra y de las ideas.

¿Quién te protege?

Juntos, los héroes

marcan la diferencia.

Una vez que me hice abogada, y luego senadora, tuve la oportunidad de trabajar con diferentes personas para ayudar a los niños. Y lo que es más importante: he llegado a conocer a niños asombrosos que quieren hacer de este mundo un lugar mejor.

¿Y sabes lo que aprendí?

¡Que TÚ también eres un héroe!

¡Dondequiera que busques, encontrarás superhéroes!
¡Incluso dentro de ti!

⭐ ¿Eres bondadoso, valiente y sientes curiosidad?

⭐ ¿Eres un buen amigo?

⭐ ¿Compartes?

⭐ ¿Tratas a todos por igual?

⭐ ¿Tiendes la mano a quien necesita ayuda?

¡Eres un héroe cuando das lo mejor de TI mismo!

¡Y eso es algo superestupendo!

El Código
de los Héroes

¿Te gustaría ser un superhéroe?

Es más fácil de lo que piensas.

Lo primero que tienes que hacer es levantar la mano
derecha y repetir en voz alta las palabras
que aparecen en la siguiente página.
Si quieres usar una capa, puedes hacerlo, ¡pero no es obligatorio!

PROMETO:

- ⭐ hacer que las personas se sientan especiales
- ⭐ ser alguien con quien se puede contar
- ⭐ infundir valor a los demás
- ⭐ defender lo que es justo
- ⭐ ser un buen amigo
- ⭐ ser un buen maestro
- ⭐ ser bondadoso
- ⭐ explorar con mis amigos y familiares
- ⭐ estudiar y trabajar mucho
- ⭐ proteger a las personas indefensas
- ⭐ marcar la diferencia siempre que pueda

¡Prometo dar lo mejor de mí!

Línea del tiempo

20 de octubre de 1964   Nací en Oakland, California.

30 de enero de 1967   Nace mi hermana Maya.

1970   Comencé el primer grado en la clase de la señora Wilson.

1976   Organicé una protesta en el edificio donde vivía para que permitieran a los niños jugar en el patio, que hasta entonces estaba prohibido. ¡Logramos el permiso!

1984   Trabajé como becaria para el senador Alan Cranston de California, y aprendí lo que significaba ayudar a hacer leyes para mejorar nuestro país.

1986   Me gradué de la Universidad de Howard con una licenciatura en Ciencias Políticas y Economía.

1989   Me gradué del Hastings College of the Law, de la Universidad de California.

1990   Me hice abogada oficialmente y comencé a trabajar en la Oficina del Fiscal del Distrito de Oakland. Cada vez que tenía que ponerme de pie delante de un juez, me sentía orgullosa de decir: «Kamala Harris, en representación del pueblo».

de mi vida

1998   Ingresé en la Oficina Fiscal de la ciudad de San Francisco como líder de la Unidad de Criminales de Carrera.

2000   Ingresé en la Oficina Fiscal de la ciudad de San Francisco, donde dirigía el Departamento de Ayuda a Niños y Familias.

2003   Me presenté al cargo de fiscal de San Francisco. El lema de mi campaña fue: «Kamala Harris, una voz por la justicia». Gané las elecciones con la ayuda de cientos de voluntarios.

2010   Fui elegida fiscal general de California. (¡Fui la primera mujer y la primera persona de color en ocupar este puesto!).

2014   Contraje matrimonio con Douglas Emhoff. (¡Él también es abogado!).

8 de noviembre de 2016   Fui elegida al Senado de Estados Unidos como senadora por el estado de California. (¡Fui la segunda mujer afroamericana y la primera persona de descendencia india en ser elegida para el Senado!).

3 de enero de 2017   Tomé juramento para formar parte del 115º Congreso de Estados Unidos.

A todos los niños de mi vida, incluyendo
a los dos últimos, Amara y Leela. —KDH

A mi mamá, hermanas, amigos y familia, y a mi
profesora de secundaria, la señorita Shapiro. —MRR

PHILOMEL BOOKS
An imprint of Penguin Random House LLC, New York

Copyright © 2019 by Kamala Harris.
Art by Mechal Renee Roe. Photos courtesy of the author.
Translation copyright © 2019 by Penguin Random House LLC.
First Spanish language edition, 2019.

Philomel Books is a registered trademark of Penguin Random House LLC.

Visit us online at penguinrandomhouse.com

Library of Congress Cataloging-in-Publication Data
Names: Harris, Kamala D., author. | Roe, Mechal Renee, illustrator.
Title: Los superhâeroes estáan en todas partes / Kamala Harris ; ilustraciones de Mechal Renee Roe;
traducciâon de Teresa Mlawer. | Other titles: Superheroes are everywhere. Spanish | Description:
New York : Philomel Books, an imprint of Penguin Random House, 2019. | Identifiers: LCCN
2019000743| ISBN 9780593113325 (hardback) | ISBN 9780593113349 (e-book) | Subjects: LCSH:
Harris, Kamala D.—Juvenile literature. | United States. | Congress. Senate—Biography—Juvenile
literature. | Women legislators—United States—Biography—Juvenile literature. | BISAC: JUVENILE
NONFICTION / Biography & Autobiography / Women. | JUVENILE NONFICTION / Biography &
Autobiography / Political. | JUVENILE NONFICTION / Social Issues / Values & Virtues. |
Classification: LCC E901.1.H37 A3 2019 | DDC 328.73/092 [B] —dc23
LC record available at https://lccn.loc.gov/2019000743

Printed in China
ISBN 9780593113325
10 9 8 7 6 5 4 3 2

Edited by Jill Santopolo. Design by Jennifer Chung.
Text set in Mrs Eaves OT. The art was done in Procreate.

Con «Flat Stanley» frente al capitolio de California.

Delante del autobús Kamoji durante mi campaña para el Senado.

Mi esposo Doug y yo en un partido de béisbol.

Prestando juramento para mi segundo mandato como fiscal general de California. Doug sostiene la Biblia.

Doug y yo votamos en la escuela primaria situada a la vuelta de nuestra casa.

La noche de las elecciones para el Senado de California.

Con mi mamá en un desfile para celebrar el Año Nuevo chino. Ella me acompañaba a muchos eventos.

Me sentí honrada de dar un discurso a los estudiantes de la Universidad de Howard.

Aquí estoy con mis amigas celebrando
mi sexto cumpleaños.

A Maya y a mí nos gustaba bailar,
¡Y ahora también!

De bebé me encantaba mi caballito de peluche.

Aquí tenía siete años. Ésta era una
de mis chaquetas preferidas.

Maya y yo cerca de un lago
en Madison, Wisconsin.

Yo a los dos años con mi hermanita recién nacida.